Inhalt

Lese-Werkstatt

Schreib-Werkstatt

Sprach-Werkstatt

Rechtschreib-Werkstatt

Dieses Heft haben wir für dich gemacht,
damit du selbst darin arbeiten und üben kannst.
Es gibt darin eine Menge zu lesen und zu schreiben.
Manchmal musst du auch einige Seiten mit der Schere aufschneiden,
und dann entstehen die merkwürdigsten Dinge.

Wo du anfangen willst, ist dir selbst überlassen.
Suche dir aus, was dir Spaß macht.
Du kannst darin

    das Lesen trainieren,
    selbst Texte schreiben,
    Sprachaufgaben lösen
    und das Rechtschreiben üben.

Wenn du wissen möchtest, ob du alles richtig gemacht hast,
dann kannst du hinten auf den letzten Seiten nachschlagen.
Wenn du mit jemandem zusammen arbeiten möchtest,
dann kannst du es bei vielen Seiten tun.

Wir wünschen dir bei den einzelnen Seiten …

...viel Spaß!

Wörter mit Mundbildern lesen

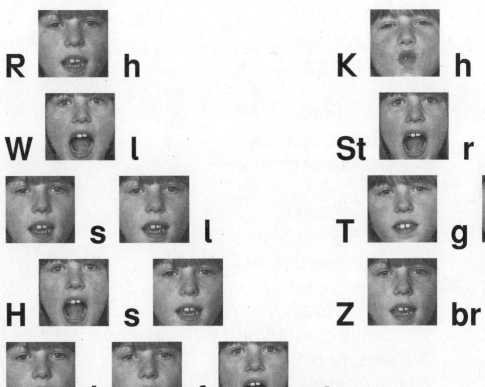

R h   **K** h

W l   **St** r

H s l   **T** g r

H s   **Z** br

l f nt

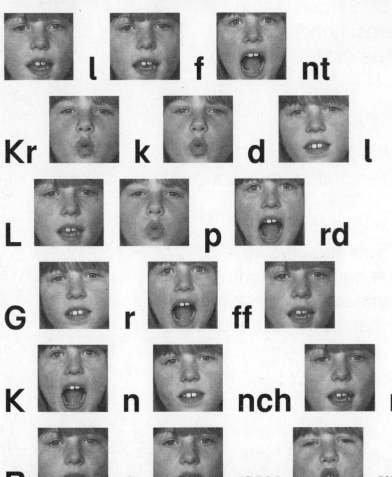

Kr k d l

L p rd

G r ff

K n nch n

R g nw rm

1 Setze diese Wörter beim Lesen zusammen.

2 Schreibe sie dann in dein Heft.

▪▪▪ Immer längere Wörter lesen ▪▪▪▪▪▪▪▪

Blüte
Zahnblüte
Löwenzahnblüte

Samen
Blumensamen
Pusteblumensamen

Stück
Tortenstück
Johannisbeertortenstück

Haus
Schneckenhaus
Bergschneckenhaus
Weinbergschneckenhaus

Napf
Futternapf
Kinderfutternapf
Katzenkinderfutternapf

Geschichte
Buchgeschichte
Lesebuchgeschichte
Blumenlesebuchgeschichte
Pusteblumenlesebuchgeschichte

1   Lies diese Wörter von oben nach unten.

2   Lies sie dann einmal von unten nach oben.

© Schroedel Schulbuchverlag GmbH, Hannover

Hinweis zum Recht der Vervielfältigung siehe 2. Umschlagseite

Pusteblume. Die Werkstätten 2. Schuljahr

B	U	LL	E
Z	E	BR	A
B	E	E	T
T	A	NN	E
S	T	I	FT
T	A	G	E
R	EI	T	EN

1 Knicke um – und es entstehen immer neue Wörter.

D	O	F
LE	E	KR
T	O	
SS	AN	
ÜH	T	B
F	EU	A
M	U	R

Pustéblume. Die Werkstätten 2. Schuljahr

Hinweis zum Recht der Vervielfältigung siehe 2. Umschlagseite

L	A	D	EN
PF	O	KO	DIL
B	R	O	T
R	U	T	E
B	R	IL	LE
WI	P	F	EL
K	AU	F	EN

ND	IED
TE	ERD
AUT	ALL
HE	OT
ÜHE	ALL
PE	TZ
EN	AMM

Pusteblume. Die Werkstätten. 2. Schuljahr   Hinweis zum Recht der Vervielfältigung siehe 2. Umschlagseite

Sätze zaubern

1 Schneide auf, klappe hoch – und es entstehen immer neue Sätze.

Der Vogel	fliegt	über	das Haus.
Die Katze	klettert	in	den Baum.
Der Zug	fährt	durch	den Tunnel.

Der Ball	fliegt	in	das Tor.
Die Lehrerin	setzt sich	auf	den Stuhl.
Der Frosch	hüpft	in	den Teich.
Das Kind	fällt	auf	die Nase.

Immer längere Sätze lesen

Lisa
Lisa kommt
Lisa kommt um
Lisa kommt um die Ecke – und lacht.

Der Wecker
Der Wecker steht
Der Wecker steht auf
Der Wecker steht auf dem Nachttisch – und klingelt.

Felix
Felix geht
Felix geht unter
Felix geht unter der Brücke
Felix geht unter der Brücke durch – und kommt hinten raus.

Sarah
Sarah bricht
Sarah bricht ein Stück
Sarah bricht ein Stück Schokolade
Sarah bricht ein Stück Schokolade ab – und isst es auf.

Der Hamster
Der Hamster geht
Der Hamster geht ein
Der Hamster geht ein Stück
Der Hamster geht ein Stück durch den Käfig – und frisst Nüsse.

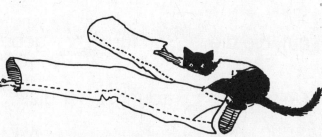

Timo
Timo macht
Timo macht sich
Timo macht sich in die Hose
Timo macht sich in die Hose ein Loch – und ärgert sich.

© Schroedel Schulbuchverlag GmbH, Hannover

Lese-Werkstatt

Tim und die Geburtstagstorte

Tanja Löbermann

 Das ist Tim.

 hat heute Geburtstag.

 Das ist die Oma von .

 Das ist die Geburtstagstorte, die die

von für gebacken hat.

 Das ist die größte Kerze auf der , die

die von für gebacken hat.

 Das ist der schlaue Hund von .

Der von pustet die auf der 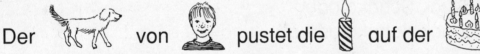 aus, die

die von  für

gebacken hat.

Und dann frisst der von noch die ganze

auf, die die für gebacken hat.

Da wird traurig. Aber die von backt eine

neue .　　　Alles Gute !

Hinweis zum Recht der Vervielfältigung siehe 2. Umschlagseite　　© Schroedel Schulbuchverlag GmbH, Hannover　　Pusteblume. Die Werkstätten. 2. Schuljahr

Welches Kind meint welches Tier?

Ich glaube, ein Kind spinnt ein bisschen!

Ich denke mir ein Tier aus, das hat vier Beine. Es ist viel größer als ich und frisst Heu. Man kann darauf reiten. Es kann schnell laufen und gut springen.

Timmi

Ich denke mir ein Tier aus, das hat auch vier Beine. Es ist größer als ich und frisst Heu. Es hat zwei Hörner. Reiten kann man darauf auch.

Ulrike

Ich denke mir ein Tier aus, das hat vier Beine. Es ist viel kleiner als ich und frisst am liebsten Fliegen. Es kann gut springen, am liebsten ins Wasser. Manchmal macht es „muh".

Ich denke mir ein Tier aus, das hat auch vier Beine. Es ist viel kleiner als ich und frisst am liebsten Fleisch. Reiten kann darauf nur meine Puppe. Manchmal bellt es.

Sascha

Vanessa

Lese-Werkstatt

Pusteblume. Die Werkstätten. 2. Schuljahr © Schroedel Schulbuchverlag GmbH, Hannover Hinweis zum Recht der Vervielfältigung siehe 2. Umschlagseite

— — Fantasiewörter erraten — — — — — — — — —

Der Stoffel

Der Stoffel hat große Flügel und ist ein guter Flieger.
Sein Nest baut er gern auf Dächern oder Schornsteinen.
Er frisst vor allem Schnecken, Würmer und Käfer.
Am liebsten steht der Stoffel im Wasser.
Dort sucht er nach Fischen und Fröschen.
Er hat sehr lange Beine und einen roten Schnabel.
Sein Gefieder ist schwarzweiß.
Manche Leute erzählen, daß der Stoffel die Kinder bringt.
Und was sagst du dazu?

Der Toppel

Der Toppel hat ein schönes, weiches Fell.
Du kannst ihn streicheln und liebhaben.
Du kannst ihn sogar kneifen.
Er lässt sich alles gefallen.
Es gibt Toppel, die sind so klein wie ein Meerschweinchen.
Und manche Toppel sind so groß wie Katzen.
Was ein Toppel frisst, möchtest du wissen?
Gar nichts!
Er kann nicht fressen.
Er ist nämlich gar kein richtiges Tier,
nur eins zum Schmusen.
Weißt du nun, was ein Toppel ist?

© Schroedel Schulbuchverlag GmbH, Hannover   Hinweis zum Recht der Vervielfältigung siehe 2. Umschlagseite

Pusteblume. Die Werkstätten. 2. Schuljahr

Das Märchen finden

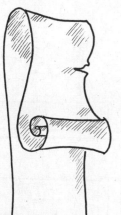

Der süße Brei

Zu dem Töpfchen sollte es sagen: „Töpfchen, koche!" Dann würde es Hirsebrei kochen.

Als das Töpfchen aber aufhören sollte, hatte sie das Wort vergessen.

Wer aber in die Stadt wollte, musste sich durch den Brei durchessen.

Spieglein, Spieglein an der Wand, wer ist die Schönste im ganzen Land?

Und weil sie nichts zu essen hatten, ging es hinaus in den Wald.

Hänsel und Gretel verliefen sich im Wald.

Knusper, knusper knäuschen, wer knuspert an meinem Häuschen?

„Großmutter, warum hast du einen so großen Mund?" – „Damit ich dich besser fressen kann!"

Knusper, knusper knäuschen, wer knuspert an meinem Häuschen?

„Großmutter, warum hast du einen so großen Mund?" – „Damit ich dich besser fressen kann!"

Ach, wie gut, dass niemand weiß, dass ich Rumpelstilzchen heiß'!

Dort schenkte ihm eine alte Frau ein Töpfchen.

So taten sie es und hatten immer satt zu essen.

Ach, wie gut, dass niemand weiß, dass ich Rumpelstilzchen heiß'!

Es war einmal ein Mädchen, das lebte mit seiner Mutter allein.

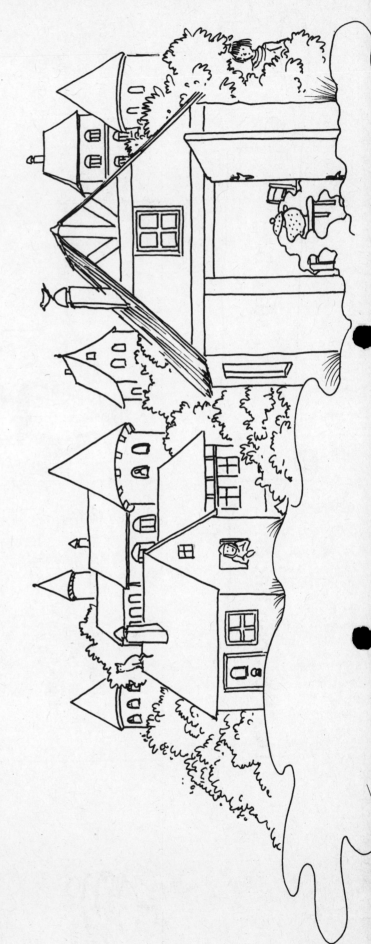

Hänsel und Gretel
verliefen sich im Wald.

Eines Tages war die
Mutter allein und ließ sich
Hirsebrei kochen.

Und da hörte das
Töpfchen auf zu kochen.

Spieglein, Spieglein
an der Wand,
wer ist die Schönste im
ganzen Land?

Endlich kam das Mädchen
nach Hause und sagte:
„Töpfchen, steh!"

Und wenn es aufhören
sollte zu kochen, sollte es
sagen: „Töpfchen, steh'!"

So kochte es immer
weiter, bis der Brei hinaus
auf die Straße lief und die
halbe Stadt bedeckte.

Lese-Werkstatt

Sätze mit kleinen Veränderungen lesen

Morgens werde ich vom Wecker aufgeweckt.
Morgens werde ich vom Wecker aufgeschreckt.
Morgens werde ich vom Wecker aufgedeckt.

Eine Stunde später gehe ich in die Schule.
Eine Stunde später stehe ich in der Schule.

Die Schüler kreischen auf dem Schulhof herum.
Die Schüler kriechen auf dem Schulhof herum.

Wir sitzen in der Klasse und lernen.
Wir schwitzen in der Klasse und lernen.
Wir schwatzen in der Klasse und lärmen.
Wir Kinder sitzen in der Klasse und lärmen.

Die Schülerinnen spitzen ihre Bleistifte und schreiben.
Die Schülerinnen kitzeln ihre Bleistifte und schreien.

In der Pause laufen alle auf den Flur und singen.
In der Pause raufen alle auf dem Flur und ringen.
In der Pause laufen alle auf den Flur und springen.

Am Nachmittag fahre ich mit meinem Rennrad herum.
Am Nachmittag renne ich mit meinem Fahrrad herum.

Das macht Spaß!

© Schroedel Schulbuchverlag GmbH, Hannover   Hinweis zum Recht der Vervielfältigung siehe 2. Umschlagseite

Pusteblume. Die Werkstätten. 2. Schuljahr

Pusteblume. Die Werkstätten. 2. Schuljahr

© Schroedel Schulbuchverlag GmbH, Hannover

Hinweis zum Recht der Vervielfältigung siehe 2. Umschlagseite

Der _____ Hund

Nach Peter Hacks

Geh ich in der Stadt umher,

kommt ein _____ Hund daher,

wedelt mit dem Schwanz so sehr,

nebenher,

hinterher

und verlässt mich gar nicht mehr.

Wedelt mit den _____ Ohren,

hat wohl _____ .

1 Setze Wörter ein, die dir zu dem Gedicht besonders gut gefallen.

Verse an die richtige Stelle setzen

Wie die Gans wächst

Erwin Strittmatter

Gänschen, was suchst du,
hast du denn was verloren?

_____

_____

Ich suche meine Federn
und kann nicht länger warten.

_____

_____

Aus Hälmchen mach' ich Federn,
aus Käfern einen Schwanz,

_____

_____

Ich möchte morgen fliegen;
es geht ein Wind im Garten.

Zupfst schon und rennst schon,
bist gestern erst geboren.

aus Raupen mach' ich Flügel,
dann bin ich eine Gans.

1 O weh, das Gedicht ist auseinander gefallen!
Was gehört zusammen?
Schreibe die Verse an der richtigen Stelle auf.

Hinweis zum Recht der Vervielfältigung siehe 2. Umschlagseite

© Schroedel Schulbuchverlag GmbH, Hannover

Pusteblume. Die Werkstätten. 2. Schuljahr

Schreib-Werkstatt

Der Nebel

Nach Carl Sandburg / Hans Baumann

Der Nebel	...	kommt
	...	naht
	...	schleicht
auf	...	Federflügeln.
	...	weichen Strümpfen.
	...	Katzenpfötchen.
Er	...	breitet sich aus
	...	sitzt und schaut
	...	flattert und fliegt
über	...	Wiese und Dorf,
	...	Wald und Feld,
	...	Hafen und Stadt,
	...	steht dann auf
	...	hebt sich still
	...	verschwindet leise
und	...	geht wieder weg.
	...	macht sich davon.
	...	ist wieder fort.

 1 Welche der drei Zeilen gefällt dir am besten? Unterstreiche sie.

 2 Die Wörter, die du nicht in deinem Gedicht haben möchtest,
könntest du mit dem Stift im Nebel verschwinden lassen.

 3 Lies dann dein Gedicht vor.

In ein Gedicht hineinzeichnen

Samen an seidenen Schirmen

Josef Guggenmos

Heute seh' ich fliegen
Samen, kleine, braune,
wundersam an Schirmen,
und ich steh' und staune.

Wie sie lustig segeln
und sich auf den Wiesen
hübsche Plätzlein suchen –
was wird wohl draus sprießen?

Wo sie niedergehen
auf die dunkle Erde,
wachsen keine Kinder,
wachsen keine Pferde.

Und auch keine Löwen
mit gewalt'ger Mähne,
aber dafür sicher
gold'ne Löwenzähne.

1 Zeichne über die groß gedruckten Buchstaben kleine Pusteblumen.

© Schroedel Schulbuchverlag GmbH, Hannover

Hinweis zum Recht der Vervielfältigung siehe 2. Umschlagseite

Pusteblume. Die Werkstatt zum 2. Schuljahr

Schreib-Werkstatt

Ein Satz

Wenzel Wolff

Ein Satz, den man so schreibt, ist kein Gedicht.

Ein Satz,
den man so schreibt,
wird ein Gedicht.

Ein Satz,
den man
so
schreibt,
ist ein Gedicht –
so ein Gedicht.

1 Schau dir den Text oben ganz genau an.
Du siehst, wie aus einem Satz ein Gedicht wird.
Versuche mit der folgenden Geschichte selbst einmal, ein Gedicht zu schreiben.

Im Frühling

Es wird wieder warm. Die Vögel, Schmetterlinge, Bienen und Hummeln fliegen umher. Die Vögel in den Bäumen und Sträuchern zwitschern, pfeifen, singen und piepsen. Es ist schön, dass der Frühling wieder da ist.

Im Frühling

_____

_____

_____

_____

_____

_____

_____

Mit Schrift gestalten

1 Mit etwas Fantasie gelingt es, aus Buchstaben Gegenstände werden zu lassen.
Die Beispiele sollen dir helfen. Versuche es selbst einmal.

J

K

G

Streitgeschichte

Nach Manfred Mai

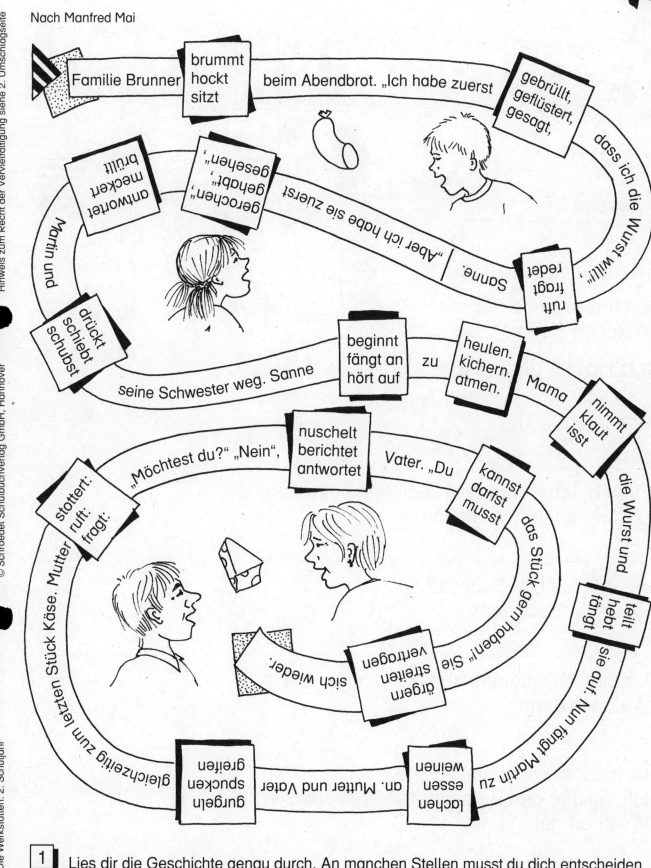

Familie Brunner [brummt / hockt / sitzt] beim Abendbrot. „Ich habe zuerst [gebrüllt, / geflüstert, / gesagt,] dass ich die Wurst will", [ruft / fragt / redet] Sanne. „Aber ich habe sie zuerst [gerochen", / gehabt", / gesehen",] [antwortet / meckert / brüllt] Martin und [drückt / schiebt / schubst] seine Schwester weg. Sanne [beginnt / fängt an / hört auf] zu [heulen. / kichern. / atmen.] Mama [nimmt / klaut / isst] die Wurst und [teilt / hebt / fängt] sie auf. Nun fängt Martin zu [lachen / essen / weinen] an. Mutter und Vater [gurgeln / spucken / greifen] gleichzeitig zum letzten Stück Käse. Mutter [stottert: / ruft: / fragt:] „Möchtest du?" „Nein", [nuschelt / berichtet / antwortet] Vater. „Du [kannst / darfst / musst] das Stück gern haben!" Sie [ärgern / streiten / vertragen] sich wieder.

1 Lies dir die Geschichte genau durch. An manchen Stellen musst du dich entscheiden, welches der drei Wörter du nehmen willst. Überlege, welches am besten passt. Streiche die anderen beiden Wörter durch.
Du kannst deine Geschichte noch einmal aufschreiben.

Fragen beantworten

Im Spielzeugladen

Ich hätte gern den Ball!
Welchen Ball?

Ich hätte gern den _____

Und ich hätte gern den Teddy.
Welchen Teddy?

_____

Mmmh. Ich möchte den Spieleimer kaufen.
Und welchen, bitte schön?

_____

Ich möchte das Buch da!
Welches Buch denn?

_____

Könnte ich bitte das Verkehrsschild haben?
Welches denn?

_____

Und du, mein Junge?
Ich möchte den Betonmischer verschenken!
Welchen denn?

_____

1 Was müssen die Kinder sagen, damit der Verkäufer weiß,
welches Spielzeug sie haben wollen?

Hinweis zum Recht der Vervielfältigung siehe 2. Umschlagseite

© Schroedel Schulbuchverlag GmbH, Hannover

Pusteblume. Die Werkstätten. 2. Schuljahr

Namenwörter und Begleiter

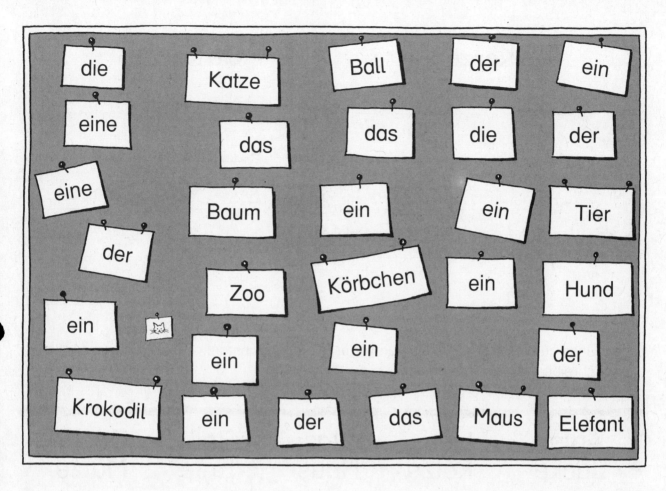

die Maus   –   eine Maus

_____

_____

_____

_____

_____

_____

_____

_____

1 Suche zu jedem Namenwort (Nomen/Substantiv) die beiden passenden Begleiter (Artikel). Streiche sie aus. Trage die Wörter mit Artikel ein.

Einzahl und Mehrzahl

- die Kerze   - die Kerzen

- das _____   - die _____

_____ -   _____ -

_____ -   _____ -

_____ -   _____ -

_____ -   _____ -

1 Suche zu den Bildern die Namenwörter (Nomen/Substantive) mit Begleiter (Artikel). Schreibe die Mehrzahl (Plural).

Apfel	Lied	Glas	Ball	Dach
Jacke	Katze	Haus	Ente	Mütze

2 Schreibe auch alle anderen Wörter in der Mehrzahl auf. Schreibe so:

der Ball ⚽   die Bälle ○○○

_____

_____

_____

_____

_____

_____

_____

_____

Hinweis zum Recht der Vervielfältigung siehe 2. Umschlagseite   © Schroedel Schulbuchverlag GmbH, Hannover   Pusteblume. Die Werkstätten. 2. Schuljahr

Ein Schrank voller Sachen

Turnhose

T-Shirts

Bettlaken

Schneeschieber

Pullover

Schlitten

Spaten

Krawatten

Hammer

Schlafanzug

Waschlappen

Handtuch

Luftpumpe

Unterhemden

Butter

Unterhosen

Badehose

Hundefutter

Blusen

Socken

Wintermantel

Blumentöpfe

Anzug

Abendkleid

Hemden

Wagenheber

Bademantel

Trainingsanzug

Gartenschlauch

1 Im Schrank hängen und liegen Sachen, die dort nicht hingehören. Schreibe sie auf.

Diese Gegenstände gehören nicht in einen Kleiderschrank:

_____

_____

_____

_____

Wörter zusammensetzen

1 In der Mitte der Blüte steht das **Grundwort,** in den Blütenblättern sollen
die **Bestimmungswörter** stehen. Schaffst du es, den Strauß aufzufüllen?
Schreibe die zusammengesetzten Wörter mit Begleiter (Artikel) auf.

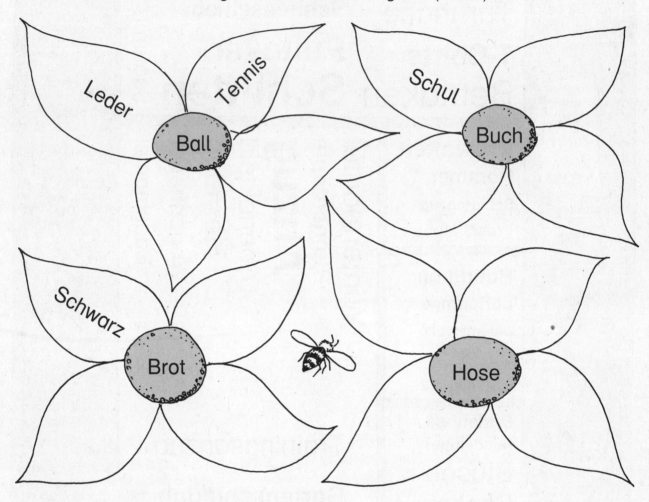

der Tennisball, der Lederball, . . .

Hinweis zum Recht der Vervielfältigung siehe 2. Umschlagseite

© Schroedel Schulbuchverlag GmbH, Hannover

Pusteblume. Die Werkstätten. 2. Schuljahr

Verben einsetzen

1 Alexandra möchte heute

das Brennholz _____

den Brief _____

das Päckchen _____

das Fahrrad _____

den Rasen _____

den Hamster _____

die Blumen

hacken   schreiben   mähen   gießen

putzen   packen   füttern

2 Malte fragt: „Alexandra, was machst du da?" Alexandra antwortet:

Ich _____ **das Brennholz** _____

_____

_____

_____

_____

3 Beim Abendessen fragt Mutter: „Alexandra, was hast du heute nachmittag gemacht?" Alexandra berichtet:

Ich habe _____

_____

_____

_____

_____

© Schroedel Schulbuchverlag GmbH, Hannover

Sprach-Werkstatt

Was ich mag

1 Setze die passenden Adjektive (Wiewörter) ein:

Ich mag  , weil sie so _____ sind.

Ich mag , weil sie so _____ sind.

Ich habe Angst vor , weil sie _____ sind.

Ich mag , weil es so _____ schmeckt.

Ich lese gern , weil sie so _____ sind.

Ich ziehe gern ein an, weil es so _____ ist.

Ich trinke oft Milch , weil sie so _____ schmeckt.

groß grau dick lieb

gemütlich weich

giftig unheimlich

süß lecker spannend

praktisch modern

gut kühl

Hinweis zum Recht der Vervielfältigung siehe 2. Umschlagseite

© Schroedel Schulbuchverlag GmbH, Hannover

Pusteblume. Die Werkstätten. 2. Schuljahr

Sprach-Werkstatt

Der Schnee ist	<u>weiß</u>	satt
Die Kochplatte ist	_____	matt
Mein Bett ist	_____	alt
Der König ist	_____	kalt
Der Kreis ist	_____	eckig
Die Medizin macht	_____	dreckig
Die Sonne scheint	_____	~~weiß~~
Das Auto fährt	_____	heiß
Der Matsch ist	_____	rund
Der Tisch ist	_____	gesund
Das Eis ist	_____	reich
Die Urgroßmutter ist	_____	weich
Wer viel isst, wird	_____	wach
Wer nicht schläft, ist	_____	schwach
Der Kranke ist	_____	hell
Wer ausschläft, ist	_____	schnell

1 Suche dir aus den Adjektiven (Wiewörtern) rechts
die passenden aus.
Schreibe sie in die richtigen Zeilen.

Knicke hier um,
dann siehst du
die richtigen
Wörter.

weiß	Der <u>weiße</u>	Schnee,
heiß	die _____	Kochplatte,
weich	_____	Bett,
reich	_____	König,
rund	_____	Kreis,
gesund	_____	Medizin,
hell	_____	Sonne,
schnell	_____	Auto,
dreckig	_____	Matsch,
eckig	_____	Tisch,
kalt	_____	Eis,
alt	_____	Urgroßmutter,
satt	_____	Mops,
matt	_____	Farbe,
schwach	_____	Kranke,
wach	_____	Kind.

1 Setze die Artikel (Begleiter) und die Adjektive (Wiewörter) in der linken Spalte in die Zeile ein.

Hinweis zum Recht der Vervielfältigung siehe 2. Umschlagseite

© Schroedel Schulbuchverlag GmbH, Hannover

Pusteblume. Die Werkstätten. 2. Schuljahr

Hinweis zum Recht der Vervielfältigung siehe 2. Umschlagseite

© Schroedel Schulbuchverlag GmbH, Hannover

Pusteblume. Die Werkstätten. 2. Schuljahr

Sprach-Werkstatt

Was Tiere so alles haben

Auf ihrem Rücken
tragen Schnecken ein Schneckenhaus an ihren Füßen
haben Vögel kleine Krallen an ihrem Kopf
haben Ziegen Hörner an ihrem Hinterteil
haben Schweine Ringelschwänze auf ihrem Rücken
haben Igel Stacheln an ihrem Kopf
haben Elefanten einen Rüssel an ihrem Schwanz
haben Fische Flossen an ihren Füßen
haben Affen Zehennägel an ihrem Hals
haben Pferde eine Mähne an ihrer Schnauze
haben Katzen einen Bart auf ihrem Rücken
haben Fliegen Flügel an ihrem Kopf
haben Vögel einen Schnabel an ihrem Hintern
haben Rehe einen schönen weißen Fleck

1 Lies diese Sätze zuerst einmal so, wie sie da stehen.
   Da stimmt doch etwas nicht!

2 Setze jetzt immer einen Punkt ein, wo ein Satz zu Ende ist,
   und schreibe über den ersten Buchstaben des neuen Satzes
   einen Großbuchstaben.
   Jetzt werden die Sätze richtig!

Fragen stellen

1 Schau dir das Bild genau an! Bilde Fragen. Verwende die Fragewörter.
Vergiss nicht das Fragezeichen am Ende der Frage.

Wer kommt durch die Tür?

Wo steht die Teekanne?

Was macht der Vater

Wer

2 Stellt euch gegenseitig die Fragen und beantwortet sie:

Wer

Wo

Was

Wer

Wo

Was

Pusteblume. Die Werkstätten. 2. Schuljahr

Hinweis zum Recht der Vervielfältigung siehe 2. Umschlagseite

© Schroedel Schulbuchverlag GmbH, Hannover

Pusteblume. Die Werkstätten. 2. Schuljahr

Rechtschreib-Werkstatt

Feen- ABC

Nele Uttecht

_____

_____

_____

_____

_____

_____

_____

Vor meinem Bett stand eine Fee.

Sie stand auf einmal da.

Im Zimmer war es hell.

Und zaubern lernte ich im Nu.

Ich wünschte mich an einen See.

Ich zauberte dort fix

ein Boot aus meinem Bett.

1 Trage die Buchstaben des ABC in die Linien ein.
Nimm diejenige Schrift, die du in deiner Klasse gelernt hast.

A B C D E F und G und H I J K und L M N O P Q
R und S und T U V W und X Y und Z

A B C D E F und G und H I J K und L M N O P Q
R und S und T U V W und X Y und Z

A B C D E F und G und H I J K und L M N O P Q
R und S und T U V W und X Y und Z

Kätzchen- abc

_____

_____

_____

_____

_____

_____

_____

_____

Das Kätzchen lief im Schnee.

Ein Hund folgt mit Gekläff.

Das arme Kätzchen schrie.

Der Hund lief furchtbar schnell.

Da kam von irgendwo

ein netter, dicker Herr.

Der Herr, der sagt: „Nanu!"

Er nahm das Kätzchen fix

nach Hause mit ins Bett.

1 Trage die Buchstaben des ABC in der richtigen Reihenfolge in die Linien ein.
Nimm diejenige Schrift, die du in deiner Klasse gelernt hast.

def abc mno ghi jkl stu
pqr yz vwx

def abc mno ghi jkl stu
pqr yz vwx

def abc mno ghi jkl stu
pqr yz vwx

Wörter zusammensetzen

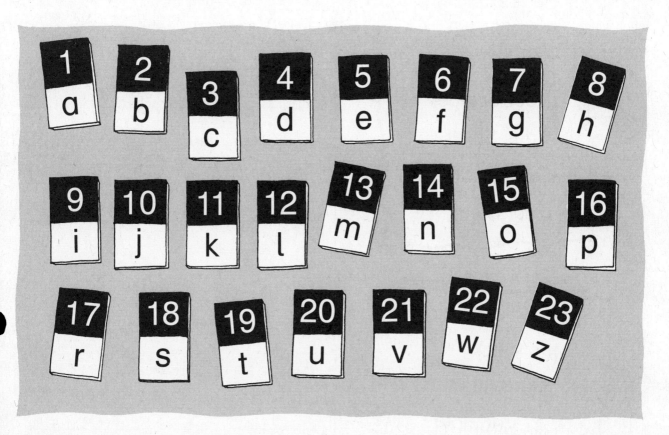

1 Findest du die Wörter heraus? Der erste Buchstabe wird immer groß geschrieben.

23	15	15		der _____
18	5	5		der _____
2	15	15	19	das _____
13	5	5	17	das _____
11	12	5	5	der _____
13	15	15	18	das _____
18	3	8	14	5	5	der _____
8	1	1	17	5		die _____

Hinweis zum Recht der Vervielfältigung siehe 2. Umschlagseite

Pusteblume. Die Werkstätten. 2. Schuljahr

Partnerdiktat

der Spatz

der Spiegel

das Spiel

die Stadt

der Stein

die Stiefel

der Stock

die Straße

die Strümpfe

der Stuhl

knicken

der Spatz

1 Setzt euch zu zweit zusammen. Knickt das Blatt in der Mitte.
Schlagt die Seite nach hinten um.

2 Einer diktiert, der andere schreibt die oberen Wörter.
Wer schreibt, darf die Wörter nicht sehen.
Wer diktiert, achtet darauf, dass der andere keine Fehler macht.

3 Danach diktiert der andere die oberen Wörter.

4 Mit den unteren Wörtern macht ihr es genauso.

© Schroedel Schulbuchverlag GmbH, Hannover   Hinweis zum Recht der Vervielfältigung siehe 2. Umschlagseite

Pusteblume. Die Werkstätten. 2. Schuljahr

Wörter verkürzen

1 Hier siehst du, wie man ein neues Wort erhält, wenn man einen Buchstaben heraus-
schneidet. Sicher schaffst du es, durch Wegnehmen eines Buchstabens neue
Wörter zu erhalten.

Eis   Ei _____

Wein   _____

Schlaf   _____

Bauch   _____

Baum   _____

brauchen   _____

Hals   _____

kalt   _____

Wald   _____

Immer neue Wörter finden

1   Wenn du einen Buchstaben veränderst, erhältst du ein neues Wort.

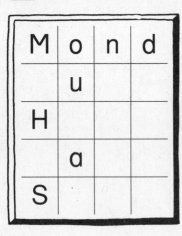

M	o	n	d
	u		
H		a	
S			

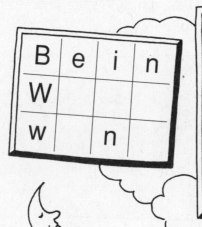

B	e	i	n
W			
w		n	

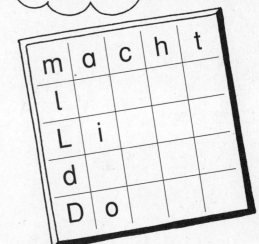

W	o	l	k	e
			l	
R				
		i		
P				

S	u	p	p	e
P				
	a			
M				
K				

m	a	c	h	t
l				
L	i			
d				
D	o			

H	a	s	e
	o		
D			
R			
			t

R	e	g	e	n
w				
W	a			
s				

H	a	l	s
	u		
M			
		l	

K	i	n	d	e	r
R					
	ä				
B					

Hinweis zum Recht der Vervielfältigung siehe 2. Umschlagseite

© Schroedel Schulbuchverlag GmbH, Hannover

Pusteblume. Die Werkstätten 2. Schuljahr

Wörter mit s und ss

Wörter mit einem langen Vokal

Wörter mit einem kurzen Vokal

1 Sprich jedes Wort deutlich. Versuche herauszuhören, ob der Vokal (Selbstlaut) kurz oder lang gesprochen wird. Trage dann die Wörter auf die richtige Seite der Plakatwand ein. Schreibe sie mit Trennungsstrichen auf.

Va	se	le	sen	Na	se	Flos	se	Tas	se
Kis	sen	fes	seln	Kä	se	Ro	se	bla	sen
Do	se	Ha	se	Was	ser	Blu	se	müs	sen
Rüs	sel	Kas	se	Ra	sen	mes	sen	es	sen

Aus a wird ä, aus au wird äu

Der Maulwurf	**gräbt** graben	ein Loch.
Die Schülerin	_____ fahren	mit dem Bus.
Der Torwart	_____ fangen	den Ball.
Ein Blatt	_____ fallen	in den Teich.
Das Baby	_____ schlafen	in der Wiege.
Unser Hund	_____ laufen	hinter der Katze her.
Frau Blaschke	_____ laufen	über die Straße.
Das Pferd	_____ saufen	Wasser.
Vater	_____ waschen	das Auto.
Der Nikolaus	_____ tragen	einen Sack.

1 Schreibe die Wörter richtig in die Zeilen hinein.

2 Und nun bilde noch einige witzige Sätze.

Die Lehrerin _____

Die Katze _____

Der Schüler _____

Das Pferd _____

in den Teich fallen

einen Eimer Wasser saufen

ein Loch graben

in der Wiege schlafen

© Schroedel Schulbuchverlag GmbH, Hannover

Pusteblume. Die Werkstätten 2. Schuljahr

Hinweis zum Recht der Vervielfältigung siehe 2. Umschlagseite

Abschreiben auf der Rückseite

Einzahlsätze:

Die Nacht ist finster.

Der Apfel ist reif.

Der Ball ist rund.

Der Zug ist lang.

Der Baum ist grün.

Mehrzahlsätze:

Die Äpfel sind reif.

Die Nächte sind finster.

Die Züge sind lang.

Die Bäume sind grün.

Die Bälle sind rund.

Einzahlsätze:

Die Maus ist scheu.

Der Ofen ist heiß.

Die Hand ist warm.

Der Mann ist stark.

Der Rock ist lang.

Mehrzahlsätze:

Die Öfen sind heiß.

Die Röcke sind lang.

Die Mäuse sind scheu.

Die Hände sind warm.

Die Männer sind stark.

hier falten

1 Falte das Blatt in der Mitte.

2 Lies dir jeden Satz gut durch.

3 Schreibe dann Satz für Satz auf die Rückseite.
Wenn du etwas vergessen hast,
musst du noch einmal umschlagen und nachschauen.

Einzahlsätze:

Mehrzahlsätze:

Und hier schreibst du deine Sätze auf:

Einzahlsätze:

Mehrzahlsätze:

hier falten

© Schroedel Schulbuchverlag GmbH Hannover   Hinweis zum Recht der Vervielfältigung siehe 2. Umschlagseite

Pusteblume. Die Werkstätten, 2. Schuljahr

Aus a, o, u, au wird ä, ö, ü, äu

Brot Katze Hase Hand
Blatt Stock Topf Stuhl
Ball Hut Wurst Huhn
Maus Haus Daumen

aus   a   wird   ä
aus   o   wird   ö
aus   u   wird   ü
aus   au   wird   äu

Programm
läuft!
Bitte
Eingabe!

das Brot   –   das Brötchen

1 Schreibe alle Wörter in der Verkleinerungsform auf.

Wörter zusammensetzen

Wörter mit h

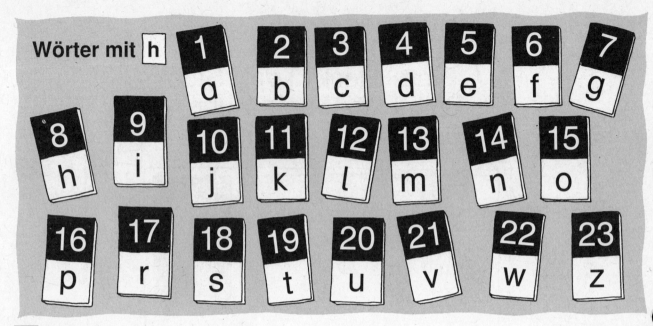

1 Findest du die Wörter heraus?

9	8	17

9	8	13

18	5	8	17

22	1	8	17

15	8	14	5

13	5	8	17

14	5	8	13	5	14

6	5	8	12	5	14

6	1	8	17	5	14

2	5	23	1	8	12	5	14

Wörter mit ll, mm, nn

rennt	_rennt_	_ren nen_
brennt		
bellt		
stellt		
kommt		
schwimmt		

1 Sprich die Wörter deutlich aus.
Schreibe sie in die Zeilen hinein.

Wörter mit ll, mm, tt

schnell	_schnell_	_schnel ler_
hell		
dumm		
toll		
nett		
fett		

2 Sprich die Wörter deutlich aus.
Schreibe sie in die Zeilen hinein.

Kreuzworträtsel: ll, mm, nn, pp, tt

1 In diesem Buchstabengitter haben sich viele Wörter mit **ll, mm, nn, pp, tt** versteckt. Suche sie, und (rahme) sie ein. Sie können waagerecht (⬭) oder senkrecht (▢) stehen.

a	b	e	l	l	t	b	b	v	t	W	q	p	o	n	m	l
A	Z	G	l	f	P	r	Q	C	u	e	r	d	u	m	m	H
H	b	a	Q	W	o	e	u	p	d	l	S	s	v	w	j	i
a	t	R	S	x	B	n	e	F	Y	l	e	Q	a	h	i	m
S	c	S	t	a	n	l	T	C	e	w	f	g	t	p	m	
H	s	p	a	Y	o	e	l	a	O	D	e	r	t	l	t	e
K	c	i	m	z	b	n	e	n	j	t	n	e	u	T	J	l
n	h	n	m	G	E	p	n	n	r	L	n	s	i	Y	Z	K
l	n	n	k	h	e	l	l	e	r	W	D	C	X	S	d	p
m	e	e	H	G	m	q	m	s	M	G	r	u	p	p	e	h
F	l	r	o	m	V	m	C	E	s	o	l	l	e	n	n	s
u	l	S	u	U	i	F	r	d	N	V	W	u	L	x	n	O
t	l	r	e	n	n	e	n	e	X	f	h	f	g	B	N	A
t	k	J	M	s	t	e	l	l	t	z	e	x	V	k	r	s
e	s	c	h	l	i	m	m	e	r	N	l	t	M	Y	O	Z
r	K	T	w	o	l	l	e	n	b	u	P	v	t	r	z	K

2 Wer fertig ist, kann eine schwierige Aufgabe lösen. Es haben sich weitere Wörter versteckt, die im Gitter schräg stehen, entweder (⬭) oder (⬭). Viel Erfolg beim Suchen!

Silbentrennung

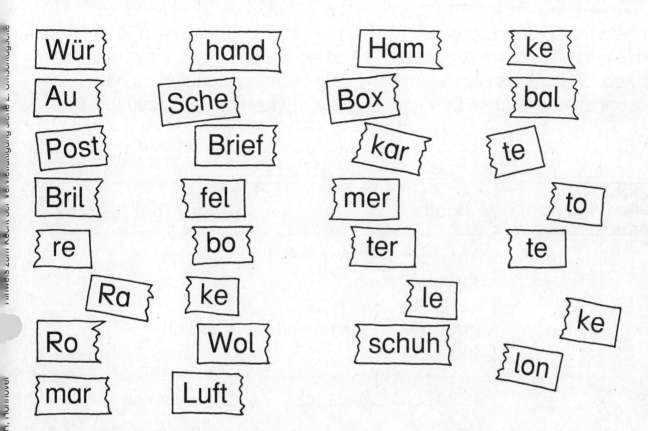

Wür hand Ham ke
Au Sche Box bal
Post Brief kar te
Bril fel mer to
re bo ter te
Ra ke le ke
Ro Wol schuh lon
mar Luft

1 Nimm sechs verschiedenfarbige Buntstifte.
Male die Teile, die zu einem Wort gehören, mit der gleichen Farbe an.

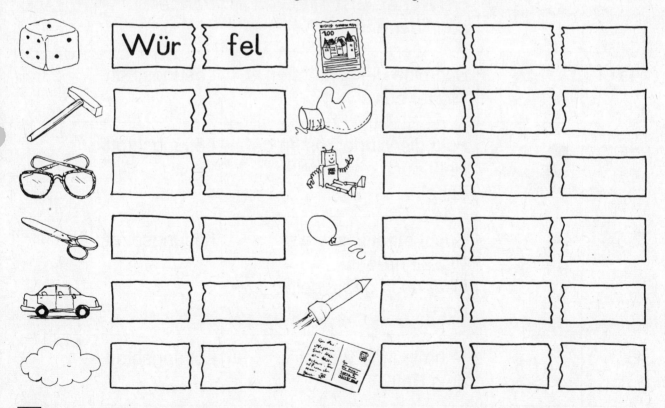

Wür fel

2 Suche zu den Bildern die passenden Wörter. Schreibe sie in Sprechsilben
getrennt auf! Alle Silben findest du oben auf der Seite.

Arbeitsplan

Löse ganz selbstständig oder mit einer Partnerin oder einem Partner nach und nach diese Aufgaben. Auf dem Lösungsblatt kannst du überprüfen, ob du alles richtig gemacht hast. Manchmal musst du deine Lösungen von deinem Lehrer oder deiner Lehrerin überprüfen lassen.

Seite	Mit wem?	Aufgabe	Überprüfe!	Fertig?
37		Trage das ABC in großen Buchstaben ein.	Lehrerin	
38		Trage das ABC in kleinen Buchstaben ein.	Lehrerin	
39		Schreibe die gesuchten Wörter auf.	Lösungsblatt	
40		Diktiert euch gegenseitig die Wörter. Erst einer, dann der andere.	Partnerin/ Partner	
41		Schreibe die verkürzten Wörter auf.	Lösungsblatt	
42		Füllt die Wörterkästen auf. Helft euch gegenseitig dabei.	Lösungsblatt	
50		Sucht möglichst viele Wörter heraus. Helft euch gegenseitig dabei.	Lösungsblatt	
50		Schreibe die Wörter in dein Heft.	Lösungsblatt	

Hinweis zum Recht der Vervielfältigung: siehe 2. Umschlagseite · © Schroedel Schulbuchverlag GmbH, Hannover · Pusteblume. Die Werkstätten 2. Schuljahr

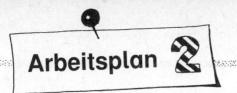

Arbeitsplan 2

Löse ganz selbstständig oder mit einer Partnerin oder einem Partner nach und nach diese Aufgaben. Auf dem Lösungsblatt kannst du überprüfen, ob du alles richtig gemacht hast. Manchmal musst du deine Lösungen von deinem Lehrer oder deiner Lehrerin überprüfen lassen.

Seite	Mit wem?	Aufgabe	Überprüfe!	Fertig?
43		Trage die Wörter in die Kästen ein.	Lösungsblatt	
44		Schreibe die Wörter zu Aufgabe 1 in die Zeilen.	Lehrerin	
44		Schreibe vier witzige Sätze auf.	Lehrerin	
45/46		Lies dir die Sätze auf Seite 45 durch. Dann lass sie dir diktieren. Diktiere sie dann deinem Partner/deiner Partnerin.	Partnerin/ Partner	
47		Schreibe die Wörter auf.	Lösungsblatt	
48		Sucht gemeinsam die Wörter.	Lösungsblatt	
49		Schreibe die Wörter zu Aufgabe 1 auf.	Lehrerin	
49		Schreibe die Wörter zu Aufgabe 2 auf.	Lehrerin	

✻✻✻✻✻ Lese-Werkstatt

Seite 3:
Die Wörter sind:
Reh, Kuh, Wal, Star, Esel, Tiger, Hase, Zebra, Elefant, Krokodil,
Leopard, Giraffe, Kaninchen, Regenwurm

Seite 13:
Timmis Tier ist das Pferd, Vanessas Tier ist der Hund,
Ulrikes Tier ist die Kuh, Saschas Tier ist der Frosch.
Und Sascha spinnt wohl ein bisschen, denn der Frosch macht
nicht „muh".

Seite 14:
Der Stoffel ist der Storch.
Der Toppel ist der Teddy.

✻✻✻✻✻ Sprach-Werkstatt

Seite 28:
die Kerze – die Kerzen, das Blatt – die Blätter,
das Schwein – die Schweine, die Uhr – die Uhren,
das Buch – die Bücher, der Stift – die Stifte

der Apfel – die Äpfel, das Lied – die Lieder,
das Glas – die Gläser, der Ball – die Bälle,
das Dach – die Dächer, die Jacke – die Jacken,
die Katze – die Katzen, das Haus – die Häuser,
die Ente – die Enten, die Mütze – die Mützen

Seite 29:
Nicht in den Schrank gehören: Blumentöpfe, Butter, Gartenschlauch,
Hammer, Hundefutter, Luftpumpe, Schlitten, Schneeschieber, Spaten,
Wagenheber

✐ Schreib-Werkstatt

Der blaue Hund

Peter Hacks

Geh ich in der Stadt umher,
kommt ein blauer Hund daher,
wedelt mit dem Schwanz so sehr,
nebenher,
hinterher
und verlässt mich gar nicht mehr.

Wedelt mit den blauen Ohren,
hat wohl seinen Herrn verloren.

Der Nebel

Carl Sandburg / Hans Baumann

Der Nebel kommt
auf Katzenpfötchen.
Er sitzt und schaut
über Hafen und Stadt,
hebt sich still
und geht wieder weg.

Wie die Gans wächst

Erwin Strittmatter

Gänschen, was suchst du,
hast du denn was verloren?
Zupfst schon und rennst schon,
bist gestern erst geboren.

Ich suche meine Federn
und kann nicht länger warten.
Ich möchte morgen fliegen;
es geht ein Wind im Garten.

Aus Hälmchen mach' ich Federn,
aus Käfern einen Schwanz,
aus Raupen mach' ich Flügel,
dann bin ich eine Gans.

Quellen

Seite 19: Peter Hacks. Der blaue Hund.
Aus: Peter Hacks. Der Flohmarkt.
Zürich / Köln: Benziger 1973.
© Peter Hacks
Seite 20: Erwin Strittmatter. Wie die Gans
wächst. Aus: Unser Lesebuch für das 2. Schul-
jahr. Berlin: Volk und Wissen 1957.
Seite 21: Carl Sandburg: Der Nebel.
Ins Deutsche übertragen von Hans Baumann.
Aus: Hans Baumann (Hrsg.).
Ein Reigen um die Welt. Gütersloh:
Bertelsmann 1965.
Seite 22: Josef Guggenmos. Samen an
seidenen Schirmen. © Josef Guggenmos.
Seite 23: Wenzel Wolff. Aus: Texte und
Fragen 3. Hg. von Siegfried Buck und Wenzel
Wolff. Diesterweg 1975. S. 68: Ein Satz.
Seite 25: Manfred Mai. Streitgeschichte.
Aus: Manfred Mai. 111-Minuten-Geschichten.
Ravensburg: Otto Maier 1991.

Rechtschreib-Werkstatt

Seite 39 : der Zoo, der See, das Boot, das Meer, der Klee, das Moos, der Schnee, die Haare

Seite 41 : Ei, ein, Schaf, auch, Bau, rauchen, als, alt, Wal

Seite 42 :

Mond	Bein	Wolke	Hase	Suppe	macht
Mund	Wein	Wolle	Hose	Puppe	lacht
Hund	wenn	Rolle	Dose	Pappe	Licht
Hand		Rille	Rose	Mappe	dicht
Sand		Pille	Rost	Kappe	Docht

Regen	Hals	Kinder
wegen	Haus	Rinder
Wagen	Maus	Ränder
sagen	Maul	Bänder

Seite 43 :
Wörter mit einem langen Vokal: Vase, lesen, Käse, Rose, blasen, Hase, Dose, Rasen, Bluse, Nase
Wörter mit einem kurzen Vokal: fesseln, Tasse, Kissen, Wasser, müssen, Kasse, Rüssel, Flosse, messen, essen

Seite 47 : Brötchen, Kätzchen, Häschen, Händchen, Blättchen, Stöckchen, Töpfchen, Stühlchen, Bällchen, Hütchen, Würstchen, Hühnchen, Mäuschen, Häuschen, Däumchen

Seite 48 : ihr, ihm, sehr, wahr, ohne, mehr, nehmen, fehlen, fahren, bezahlen

Seite 50 : Folgende Wörter sind in dem Kreuzworträtsel versteckt: bellt, dumm, hell(er), Gruppe, sollen, rennen, stellt, schlimm(er), wollen, Futter, Spinne, Stamm, brennen, Quelle, Tanne, Welle, wenn, denn, Himmel, Tonne, krumm, satt, immer, schnell, fett, nett, Stall, an, im, er